Grandes Batailles | numéro **17**

LA BATAILLE
D'ALÉSIA

—— Quand la défaite de
Vercingétorix met fin
à la révolte des Gaulois

par Nicolas Cartelet

50MINUTES

Avec la collaboration de Barbara Auger

LA BATAILLE D'ALÉSIA

DONNÉES-CLÉS

- **Quand ?** Durant l'été 52 av. J.-C.
- **Où ?** À Alésia (Alise-Sainte-Reine, France)
- **Contexte ?** La guerre des Gaules (58-51 av. J.-C)
- **Forces belligérantes ?** Les légions romaines contre l'alliance de tribus gauloises
- **Acteurs principaux ?**
  - Jules César, triumvir et général romain (100/101-44 av. J.-C.)
  - Vercingétorix, chef arverne de la coalition gauloise (72-46 av. J.-C.)
- **Issue ?** Victoire de Jules César
- **Victimes ?**
  - Camp gaulois : environ 10 000 morts
  - Camp romain : environ 2 500 morts

INTRODUCTION

La bataille d'Alésia, qui se soldera par une victoire romaine au cours de l'été 52 av. J.-C., est à bien des égards un tournant dans l'histoire de l'Occident romain. Parce que son armée y est disloquée et déportée par le vainqueur, Vercingétorix y signe son ultime défaite, enterrant définitivement ses espoirs de coalition gauloise contre Rome. Parce qu'il y gagne une gloire et une richesse immenses, Jules César en ressort grandi, prêt à marcher contre ses rivaux Marcus Licinius Crassus (115-53 av. J.-C.) et Pompée (106-48 av. J.-C.). Dès 52 av. J.-C., la victoire de Jules César annonce l'empire que concrétisera, 25 ans plus tard, son neveu Octave Auguste (63 av. J.-C.-14 apr. J.-C.). En concentrant le pouvoir et le soutien populaire entre leurs mains, les grands généraux du Iᵉʳ siècle rognent les prérogatives sénatoriales et remettent en cause la république aristocratique romaine. La bataille d'Alésia s'inscrit dans ce long processus.

Pourtant, lorsqu'il s'enferme dans l'oppidum gaulois (place forte antique), rien n'est joué pour Vercingétorix. Fort de sa victoire à Gergovie, il est suivi par une armée considérable et attend encore des renforts. Depuis 58 av. J.-C., la guerre des Gaules occupe en effet les légions romaines, qui doivent faire face à de multiples rébellions. Pendant longtemps, les chefs des tribus gauloises croient à la possibilité de conserver leur autonomie. Hélas, le génie militaire de Jules César et la poliorcétique romaine (art de mener un siège) ont raison du chef arverne : il est déporté et exécuté à Rome. La guerre des Gaules est presque terminée. Quelques années plus tard, la région est provincialisée, intégrant définitivement le gigantesque Empire romain. C'en est fini des rêves d'indépendance.

LE SAVIEZ-VOUS ?

La bataille d'Alésia, point culminant du conflit entre Rome et les tribus gauloises, est la bataille d'une seule source : *La Guerre des Gaules* de Jules César. En effet, les témoignages sont si peu nombreux pour cette période que les historiens doivent s'en remettre quasi exclusivement au récit du général romain pour en écrire l'histoire. Attention donc à ne pas prendre toutes ses allégations au pied de la lettre : en écrivant ses mémoires de guerre, Jules César a certainement souhaité renforcer son héroïsme et son génie militaire. Les chiffres qu'il avance, notamment (tels que le nombre de combattants et les dimensions des champs de bataille), sont invérifiables et donc sujets à caution. Ce texte est néanmoins précieux, car il est rédigé au lendemain de la conquête romaine.

CONTEXTE POLITIQUE ET SOCIAL

JULES CÉSAR EN GAULE

En 60 av. J.-C., Jules César, Pompée et Marcus Licinius Crassus concluent secrètement un triumvirat, accord politique leur permettant de contrôler le Sénat romain. Derrière l'unité de façade, chacun cherche à s'imposer comme dirigeant de premier plan. En 58, Jules César devient, à sa demande, proconsul d'Illyrie, de Gaule cisalpine et de Gaule transalpine : c'est au nord qu'il souhaite chercher la gloire et les richesses nécessaires à son ascension politique. Aussitôt élu, il utilise le prétexte de l'incursion helvète en Gaule pour intervenir militairement. En effet, ce peuple, poussé hors de son territoire par l'avancée des Germains, a l'intention de s'installer en Gironde actuelle, traversant les régions contrôlées par Rome. Les migrations barbares, qui s'accompagnent de pillages et de razzias, sont craintes par les populations concernées. C'est pourquoi Jules César, au nom de la défense du territoire, envahit la Gaule chevelue avec dix légions.

BON À SAVOIR

Avant l'incursion de Jules César dans le Nord de la Gaule, la région, qui correspond au Nord de la France et à la Belgique actuels, est indépendante. Les Romains ont l'habitude de l'appeler « la Gaule chevelue ». Au sud, cependant, deux régions sont intégrées au territoire romain depuis longtemps : la Gaule cisalpine, du côté italien des Alpes, et la Gaule transalpine, dont la capitale est Narbonne. C'est de là que Jules César lance son assaut vers le nord.

Dès l'Antiquité, les opposants de Jules César l'ont accusé d'avoir cherché un prétexte pour entreprendre une invasion militaire. L'écriture des *Commentaires sur la guerre des Gaules* (*Commentarii de bello Gallico*), dès la fin du conflit, est un moyen pour le général romain de justifier son entreprise. Il y prétend que cette guerre était essentielle, car une invasion barbare était à craindre. Il lui était alors facile d'affoler l'opinion publique en rappelant aux Romains la sombre époque où les Gaulois eux-mêmes, menés par Brennus (IVe siècle av. J.-C.), avaient mis la cité de Rome à feu et à sang (en 390 av. J.-C.). En réalité, les historiens soupçonnent Jules César d'avoir cherché le combat à tout prix. Pour autant, la conquête est un succès : les Helvètes, mais aussi les Germains d'Arioviste (roi des Suèves, Ier siècle av. J.-C.) et les tribus gauloises sont vaincus les uns après les autres.

LE SOULÈVEMENT DE VERCINGÉTORIX

Malgré les premières victoires romaines, une partie des tribus gauloises reste hostile à Rome et se soulève à nouveau à la fin de l'année 53 av. J.-C., alors que Jules César est rentré en Italie pour y lever une nouvelle armée. Les causes de ces révoltes sont nombreuses : on se plaint du trop grand nombre d'incursions militaires romaines, des réquisitions, des enrôlements, mais aussi du poids des impôts, qui mine l'économie locale.

À peine apaisé, le territoire des Gaules s'embrase donc une nouvelle fois. Si les sénateurs romains ont, à partir de 58, critiqué l'empressement de Jules César à partir en guerre, ils ne peuvent cette fois qu'encourager le départ des légions lorsque survient le massacre de Cénabum (nom antique d'Orléans), en janvier 52 av. J.-C. Les Carnutes, peuple gaulois de la région, massacrent l'ensemble des marchands et négociants romains de la cité et tuent l'intendant Caïus Fufius Cita (Iᵉʳ siècle av. J.-C.). Jules César a beau punir sévèrement le port en mettant Cénabum à sac, la nouvelle de la révolte carnute a fait le tour du monde gaulois. Le jeune chef arverne Vercingétorix soulève son peuple contre Rome, bientôt suivi par un grand nombre de tribus : les Andes, les Aulerques, les Bituriges, les Lémovices, les Sénons, les Parisii, pour ne citer que les principales.

Jusqu'alors circonscrite à la Gaule chevelue, l'intégrité du territoire romain est sérieusement menacée lorsque la révolte s'étend aux tribus des Gabales, des Nitiobroges et des Rutènes, qui marchent sur la Gaule transalpine. Jules César, un temps bloqué au sud, parvient à traverser les Cévennes et à déboucher sur le territoire arverne, prenant de court ses ennemis. Au terme d'une marche forcée, il rejoint la région éduenne et retrouve une partie des légions qui y étaient cantonnées pour l'hiver. Lorsque l'armée romaine parvient à se réunir, il est temps de mater la révolte.

L'ANNÉE 52 AV. J.-C., UN TOURNANT DÉCISIF

Après six années d'un conflit larvé et discontinu, l'année 52 marque un tournant dans la guerre des Gaules. En effet, Vercingétorix a fédéré une partie des tribus gauloises et Jules César a recouvré l'intégralité de ses légions : les combats sont désormais plus fréquents et plus remarquables par le nombre de soldats impliqués. Dès lors, tout s'accélère. Jules César file vers Noviodunum (Nevers) et obtient la reddition de la cité. Reddition de courte durée, puisque les habitants se soulèvent à nouveau lorsqu'arrive l'armée de Vercingétorix. Le premier affrontement entre le chef arverne et le général romain a lieu : un temps bousculé par la cavalerie gauloise, Jules César fait intervenir 600 cavaliers germains qui remportent la victoire. C'est une première défaite pour Vercingétorix : manifestement, ses services de renseignements ne savaient pas que les Romains recrutaient en territoire germain.

Le général romain marche alors sur le territoire biturige, avec l'intention de prendre sa capitale Avaricum (Bourges). En réaction, les Gaulois entreprennent de brûler l'ensemble des récoltes pour empêcher l'ennemi de se ravitailler. Les villes sont également rasées, à l'exception d'Avaricum, réputée imprenable. Tel n'est pas l'avis de Jules César, qui active la poliorcétique romaine et force les portes de la ville. Avaricum est mise à sac, ses habitants sont massacrés. Sur les 40 000 Gaulois présents lors du siège, seuls 800 auraient survécu.

César continue son avancée, mais Vercingétorix refuse le combat, redoutant la force stratégique des légions romaines. Le chef arverne recule ses armées jusqu'au site de Gergovie, où il s'enferme dans l'oppidum gaulois. Ce haut plateau, situé non loin de l'actuelle Clermont-Ferrand, offre une protection naturelle contre les assauts ennemis. Jules César organise un nouveau siège et attend le renfort des Éduens, toujours alliés à Rome. C'est ce moment que ces derniers choisissent pour faire défection et rejoindre la rébellion ; après un assaut avorté sur Gergovie, le général romain organise une retraite – qu'il présente comme un repli stratégique – afin de reconstituer ses forces. La victoire de Gergovie alimentera par la suite pendant longtemps les récits mythiques du nationalisme français.

Alors que Jules César combat Vercingétorix, son lieutenant Titus Labienus (100-45 av. J.-C.) est envoyé avec quatre légions à l'assaut de Lutèce. Les Gaulois, dirigés par Camulogène (Ier siècle av. J.-C.), voient leurs arrières prises par la septième légion et perdent la cité : le territoire de Lutèce est conquis. Jules César rapporte que les Parisii, une fois vaincus, livrent 8 000 soldats à l'armée romaine. Fort de cet apport en hommes inespéré, Titus Labienus reprend la route et rejoint son général après le siège de Gergovie. Pendant ce temps, les légions renforcées de Jules César mettent en déroute la cavalerie de Vercingétorix, pourtant réputée redoutable ; ce dernier fuit et se replie à Alésia, perdant 3 000 hommes au passage. La bataille finale se jouera dans la plaine du petit oppidum.

ACTEURS PRINCIPAUX

JULES CÉSAR, TRIUMVIR ET GÉNÉRAL ROMAIN

Né à Rome le 12 ou le 13 juillet 100/101 av. J.-C., Caius Iulius Cesar est le descendant d'une vieille famille patricienne, les Iulii. Bien que la lignée se prétende l'héritière du légendaire prince troyen Énée, elle n'a qu'une importance mineure à Rome et n'appartient pas aux hautes sphères du pouvoir consulaire et sénatorial. Jules César, quatrième du nom, est le fils de Caius Iulius Cesar III et d'Aurélia Cotta (120-54/53 av. J.-C.).

D'un naturel ambitieux, le jeune César suit des études brillantes et s'engage dans la vie politique alors que fait rage la lutte entre *optimates* (parti aristocratique) et *populares* (parti du peuple). Attaché à ce deuxième camp, Jules César épouse la fille du dirigeant Caius Marius (157-86 av. J.-C.) et entre en conflit avec Lucius Cornelius Sylla, chef des *optimates* (138-78 av. J.-C.). Contraint de quitter Rome, il s'engage dans l'armée et part combattre en Asie. Cet épisode marque le début d'une longue et brillante carrière militaire. Au siège de Mytilène, il accomplit un exploit dont nous ne connaissons pas le teneur ; toujours est-il qu'il est récompensé par une couronne civique, la plus prestigieuse des décorations.

De retour à Rome peu après la mort de Lucius Cornelius Sylla, Jules César débute son *cursus honorum* (ascension politique à Rome) et se fait le défenseur des tribuns de la plèbe. Questeur en 69, édile en 65, il attaque en justice les partisans de Lucius Cornelius Sylla et gagne le soutien du peuple. En 63 av. J.-C. et malgré son jeune âge, il se fait élire grand pontife (*pontifex maximus*) grâce aux subventions de son ami Marcus Licinius Crassus. Jusqu'à sa mort, il occupera ce poste – le plus important de la religion romaine.

Pour parvenir aux plus hautes sphères politiques, Jules César conclut secrètement un triumvirat avec Marcus Licinius Crassus et Pompée, en 60 av. J.-C. Grâce à ces soutiens, il est élu consul en 59, puis pro-consul des Gaules en 58. Commence alors la conquête qu'il appela lui-même « guerre des Gaules », durant laquelle les tribus gauloises sont vaincues une à une. Malgré une dernière grande alliance en 52 av J.-C., les forces de Vercingétorix sont anéanties au siège d'Alésia, durant lequel Jules César confirme la puissance de la poliorcétique romaine. Fort de ses succès en Gaule, le général entre en conflit ouvert avec Pompée et marche sur Rome en 49 av. J.-C., en franchissant le Rubicon (fleuve de l'Italie). Pompée s'étant enfui vers l'Orient, Jules César offre des subventions au peuple pour s'assurer son soutien. Il dirige dorénavant l'Occident, mais doit encore repousser ses rivaux.

En 58 av. J.-C., Pompée est tué en Égypte après sa défaite à Pharsale. Élu dictateur à vie par le peuple romain, Jules César dirige la politique de la République et continue de satisfaire les revendications des *populares*. Il célèbre en tout cinq triomphes à Rome, chacun étant l'occasion de grandes fêtes civiques. Cependant, l'immense pouvoir acquis par Jules César attise les craintes et les jalousies. Le dictateur nomme les consuls et impose sa loi aux sénateurs. Brutus, son fils adoptif (86-42 av. J.-C.) et Caius Cassius Longinus (homme politique et général romain, mort en 42 av. J.-C.), constatant la lente dégénérescence de la République, forment une conjuration : le 15 mars 44 av. J.-C., aux ides de Mars (festivités en l'honneur du dieu Mars), Jules César est poignardé en plein Sénat. Les conjurés espèrent recevoir les acclamations du peuple pour avoir tué le tyran, mais ils seront pourchassés et finiront par se suicider en Orient.

VERCINGÉTORIX, CHEF ARVERNE DE LA COALITION GAULOISE

Né vers 80 av. J.-C. dans la famille royale des Arvernes, Vercingétorix (de *vercingeto* qui signifie « puissant guerrier » et *rix*, « roi ») est le fils du chef Celtillos (Ier siècle av. J.-C.). Lorsqu'il vient au monde, la monarchie a été abolie sous la pression romaine et a été remplacée par une oligarchie (système dans lequel une minorité possède le pouvoir) militaire. Celtillos, pour avoir tenté de rétablir l'ancien régime à son profit, est exécuté par ses pairs en 58 av. J.-C. À en croire la suite des événements, cela ne nuit en rien aux ambitions politiques de son fils.

La formation militaire des aristocrates arvernes se fait dans le cadre du mercenariat : très jeune, Vercingétorix est donc envoyé comme cavalier aux côtés de Jules César ! C'est là, en combattant lui-même contre les tribus gauloises au sein de la légion, qu'il apprend la tactique et la rigueur romaines. Alors dirigeant d'une aile de cavalerie, il est reconnu par son entourage comme un guerrier de grande qualité.

En 52 av. J.-C., une partie des tribus gauloises se soulève contre Rome. Vercingétorix tente alors de rassembler les Arvernes sous son commandement, mais son oncle Gobannitio, déjà impliqué dans l'assassinat de Celtillos, le fait chasser de Gergovie. Vercingétorix revient à la tête d'une armée et impose son pouvoir par la force : il est proclamé roi et fédère les tribus gauloises rebelles. Il renie alors le traité d'alliance qui liait son peuple à Rome, déclarant officiellement la guerre. Après quelques escarmouches en rase campagne, Vercingétorix repousse les six légions de Jules César à Gergovie, s'attirant une gloire sans pareille en Gaule. Cette victoire n'est pourtant que de courte durée, car la force gauloise, une nouvelle fois bousculée, est contrainte de se réfugier dans l'oppidum d'Alésia.

Vercingétorix y attend le secours de son cousin Vercassivellaunos, mais la poliorcétique romaine et l'expérience des légionnaires ont raison des Gaulois : l'armée de défense est anéantie.

Après le siège d'Alésia, Vercingétorix doit symboliquement déposer ses armes aux pieds de Jules César. Il est fait prisonnier et est exhibé au peuple romain en 46 av. J.-C., à l'occasion du triomphe du général romain. Il défile alors enchaîné, tiré par le char du dictateur. Sous la pression du Sénat, Vercingétorix est exécuté en septembre 46 av. J.-C. Sa mort presque anonyme montre que la Gaule n'est qu'une conquête parmi tant d'autres pour Rome : il aura terminé sa vie comme ces innombrables chefs barbares vaincus par la légion.

ANALYSE DE LA BATAILLE

ALÉSIA, UNE FOLIE ?

Poursuivi par Jules César, Vercingétorix décide de s'enfermer dans l'oppidum d'Alésia, situé au cœur du territoire des Mandubiens. Certes, le site a de quoi impressionner l'attaquant, mais on a vu que Jules César avait été habitué aux sièges pendant la guerre des Gaules. Dès lors, on peut s'étonner que l'Arverne ait choisi d'exposer l'intégralité de sa force à la puissance de la poliorcétique romaine. Nombreux sont les commentateurs à avoir affirmé que ce choix avait été dicté par l'urgence et la panique du moment plutôt que par une réflexion stratégique poussée. Dans ses commentaires sur Jules César, l'empereur Napoléon Ier (1769-1821), grand chef militaire, se moque ouvertement de l'imbécillité de Vercingétorix. Il est suivi par Maxime Weygand (général français, 1867-1965) un siècle plus tard. Aujourd'hui encore, des historiens renommés tels que Jérôme Carcopino (1881-1970) ou Robert Étienne (1921-2009) avouent ne pas saisir l'intérêt d'Alésia pour les Gaulois. Vercingétorix était-il fou ?

En réalité, le choix de l'Arverne trouve son explication dans l'extrême religiosité des peuples gaulois. Certes, la panique a dû décider Vercingétorix à précipiter ses forces vers l'oppidum pour se mettre à l'abri, mais une part non négligeable doit être laissée à l'importance du lieu. En effet, les légendes voulaient qu'Alésia ait été fondée par Hercule lui-même, ou par le héros gaulois qui lui est associé. Centre de culte pour le clergé druidique, Alésia était « le lieu le plus sacré de toute la Celtique » (*Bibliothèque historique*, livre IV, 19) à en croire le récit de Diodore de Sicile (historien grec, Ier siècle av. J.-C.). Il ne faut donc pas sous-estimer le poids que devait avoir cet argument aux yeux des armées gauloises : il est certain que la force du lieu a convaincu Vercingétorix de s'y réfugier. Il était ainsi convaincu d'être protégé par la sacralité de l'oppidum.

LES FORCES EN PRÉSENCE

Selon le récit de Jules César, Vercingétorix entre dans Alésia avec 80 000 hommes et de nombreux cavaliers dont nous ne connaissons pas l'effectif. Malgré l'importance des troupes, l'armée gauloise est loin d'être au complet : on attend encore le renfort de l'armée de secours, qui doit accourir avec 240 000 soldats. Vercingétorix peut également compter sur la fortification naturelle du site d'Alésia, situé au sommet du Mont Auxois (culminant à 150 mètres). Au bas de la colline escarpée coulent deux rivières, l'Oze et l'Ozerain. C'est donc confiants que les Gaulois s'apprêtent à recevoir les légions romaines.

De son côté, Jules César se présente à Alésia avec 10 ou 12 légions (les quatre légions laissées à Titus Labienus pour marcher sur Lutèce ont alors rallié l'armée). Ce sont donc 72 000 légionnaires qui s'apprêtent à assiéger l'oppidum. La cavalerie, à moitié composée de Germains, compte 10 000 combattants. Théoriquement, les Romains sont donc en infériorité numérique (encore faut-il prendre les indications chiffrées de Jules César avec précaution). Néanmoins, la poliorcétique romaine a fait ses preuves par le passé : aussi bien dans la défense que dans la prise d'une cité, Jules César possède une grande expérience. Il est également admis que les légionnaires sont mieux disciplinés et mieux armés que leurs ennemis. La panoplie du combattant comprend la longue cotte de mailles, le casque en métal, le grand bouclier ovale, la lance, le glaive et le javelot, le tout offrant une force de frappe et une protection bien supérieures à l'équipement léger des Gaulois.

LE SIÈGE D'ALÉSIA

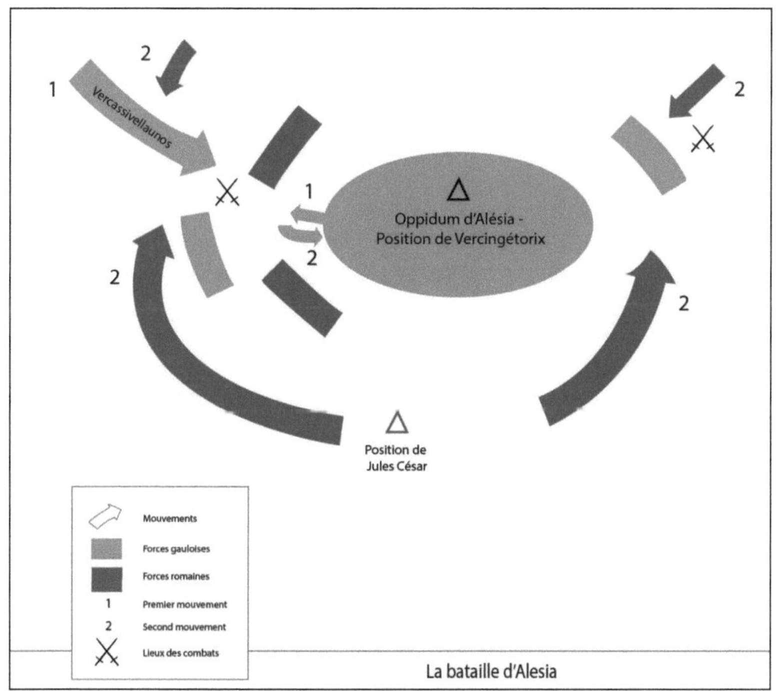

La bataille d'Alesia

Une chose est claire : Jules César ne peut pas donner l'assaut sur Alésia, faute d'hommes et en raison de la fortification des lieux. Comme à Gergovie, il ordonne donc à ses poliorcètes de mettre en place le siège de la cité. Les travaux sont considérables : deux lignes de défense sont construites pour isoler Alésia et empêcher toute sortie de Vercingétorix :

- une première ligne, appelée contrevallation, est orientée vers Alésia pour contrer les sorties de l'armée repliée dans l'oppidum. Elle est longue d'environ 15 kilomètres. Tous les 24 mètres, une tour de bois est érigée ;
- une seconde ligne, appelée circonvallation, est orientée vers l'extérieur. Les services de renseignements romains savent qu'une armée de secours est attendue et comptent bien empêcher sa charge. Cette seconde ligne est longue d'environ 25 kilomètres.

Jules César souhaite alterner les obstacles naturels et matériels autour d'Alésia. Il ajoute à ces fortifications plusieurs lignes de pièges qui s'avéreront particulièrement efficaces au cœur des combats :

- le sol est parsemé de longues piques de métal empêchant les charges de cavalerie ;
- de longs pieux sont enfoncés dans la terre, orientés vers l'ennemi. Ils sont camouflés à l'aide de feuillage et constituent une deuxième protection contre la cavalerie : lancés au galop, les chevaux s'y empaleront ;
- deux fossés sont creusés devant les lignes de contrevallation et de circonvallation. Larges de 4,50 mètres et profonds de 2,50 mètres, ils se remplissent d'eau dès leur creusement, car le site d'Alésia est semi-marécageux ;
- cinq petits fossés de 1,50 mètre de profondeur sont ajoutés, au fond desquels sont disposés des branchages ;
- avec la terre des fossés, des remblais sont construits en protection contre lesquels sont fixées des pointes de métal.

On imagine l'énergie que doivent déployer les légionnaires pour mener à bien de tels travaux en un temps record (quelques semaines à peine). Dans l'impossibilité de sortir, Vercingétorix peut compter sur les vivres qu'il a emmagasinés dans ses remparts. Toutefois, pour tenir le plus longtemps possible, il expulse les Mandubiens de la cité : il se libère ainsi d'inutiles bouches à nourrir. En réaction, Jules César refuse de laisser la voie libre aux expulsés : ils survivront entre les lignes ennemies pendant plusieurs jours avant de mourir de faim.

Après plus d'un mois de siège, l'armée de secours arrive enfin aux abords d'Alésia. Elle est dirigée par le cousin de Vercingétorix, Vercassivellaunos, ainsi que par Commios (de la tribu des Atrébates), Viridomar et Éporédorix (tous deux de la tribu des Éduens). À en croire Jules César, ils sont accompagnés de 240 000 soldats. Pourant, les premiers combats sont un désastre pour les Gaulois : après une demi-journée, leurs archers sont massacrés et la cavalerie est mise en déroute. Un deuxième assaut est lancé par les Gaulois au milieu de la nuit. Si l'archerie fait de nombreuses victimes du côté romain, les légionnaires tiennent leurs fortifications. L'armée de secours est prise dans les pièges au sol et doit se replier au petit matin, car ses flancs sont menacés par la contre-attaque de Jules César. Vercingétorix profite alors de cette diversion pour faire sortir son armée d'Alésia, mais il est trop lent à mettre ses troupes en marche et arrive après la débâcle de son cousin ; il doit se replier dans l'oppidum sans même avoir combattu.

LA VICTOIRE FINALE

Après l'échec des deux premiers assauts, les Gaulois se mettent d'accord pour mener une troisième charge sur les forces romaines : cette attaque s'avérera décisive. Après un repérage des camps romains, ils prennent pour cible un des bivouacs abritant deux légions. Plutôt que de charger de face, Vercassivellaunos prend la tête de 60 000 soldats et progresse à couvert une nuit durant jusqu'à son objectif. Au même moment, le reste de l'armée de secours est déployé dans la plaine en face des fortifications romaines. Le 26 septembre 52 av. J.-C. à midi, l'assaut est lancé.

Cette fois, les Gaulois parviennent à prendre Jules César en tenailles puisque Vercingétorix, mis au courant des mouvements de ses alliés, sort au même moment d'Alésia avec ses hommes. Dans le récit de la *Guerre des Gaules*, cet épisode est le seul où Jules César reconnaît avoir craint pour ses légions. Au camp romain attaqué par Vercassivellaunos, les deux légions sont écrasées par le nombre : Titus Labienus est envoyé en renfort avec six cohortes (soit environ 3 000 hommes), mais sa troupe est largement insuffisante. Pendant ce temps, Vercingétorix et ses forces comblent les fossés et progressent vers la contrevallation où est stationnée une partie des légions.

Jules César décide alors de changer de stratégie. Il abandonne la plaine d'Alésia et file vers le camp romain attaqué avec quatre cohortes et une importante force de cavalerie. Titus Labienus a au même moment lancé l'attaque au corps à corps : les légionnaires se battent désormais au glaive. L'arrivée de Jules César renverse le cours de la bataille et sauve les hommes de Titus Labienus. Les cavaliers écrasent Vercassivellaunos, qui est fait prisonnier, et mettent en déroute les Gaulois. Jules César rapporte que sa cavalerie chasse et massacre les fuyards jusqu'au milieu de la nuit suivante. Encore une fois, Vercingétorix doit abandonner sa charge et se replie dans Alésia. Pendant cette journée, les légions auraient capturé 74 enseignes ennemies.

Cette fois, le chef arverne doit se rendre à l'évidence : l'armée de secours étant anéantie, il lui sera impossible de sortir d'Alésia. Une assemblée est réunie dans l'oppidum et l'on annonce la reddition. Le 25 septembre, au lendemain de la débâcle, Vercingétorix assume sa défaite et rend les armes : il dépose symboliquement ses effets aux pieds de Jules César, qui accepte sa soumission et emmène le Gaulois comme prisonnier. À la suite de la bataille, les armées romaines capturent et déportent 70 000 soldats ennemis. On déplore également 10 000 victimes du côté gaulois ; seulement 2 500 côté romain – à en croire le général romain. L'union des tribus est brusquement déconstruite. Rome vient d'emporter une victoire décisive.

LA FIN DE VERCINGÉTORIX

La première conséquence de la victoire romaine est la soumission de Vercingétorix à Jules César, et avec lui de nombreux peuples gaulois trop effrayés pour continuer la lutte. Finalement, l'union des tribus, qui a pendant un temps sérieusement menacé Rome, n'aura été qu'un feu de paille. Vercingétorix est emmené à Rome, où il est emprisonné jusqu'en 46 av. J.-C., pour le triomphe final du général romain. Sa captivité est particulièrement pénible, car il est enfermé dans la prison du Tullianum, la plus ancienne de Rome. Là, des cachots sans lumière sont réservés aux chefs ennemis en attente de leur exécution.

La coutume voulait que le mis à mort soit jeté dans l'escalier des Gémonies (à Rome, escalier où étaient exposés le corps des condamnés à mort) et laissé aux charognes. Il est difficile de savoir si Vercingétorix a eu droit à ce traitement, mais il est certain que sa fin porte un sérieux coup au processus d'unification des tribus gauloises contre Jules César. Désormais, le peuple de Gaule chevelue ne cessera de se partager sur l'attitude à adopter face à Rome : beaucoup resteront neutres, d'autres se rallieront aux légions pour conserver une autonomie relative. Quoi qu'il en soit, Jules César a remporté une victoire décisive à Alésia et se servira longtemps de sa gloire pour soumettre des ennemis apeurés. En outre, la sévérité du général romain a marqué les esprits : la quasi-totalité des 70 000 Gaulois prisonniers est vendue en esclavage sur les grands ports méditerranéens.

LES DERNIERS FOYERS DE LA RÉVOLTE

Après la bataille, Jules César n'en a pourtant pas fini avec la guerre des Gaules. Le conflit reprend dès l'année 52 av. J.-C. Les Bituriges, dont le sol est pourtant occupé, préparent une nouvelle guerre. Jules César refuse de laisser s'installer la révolte et accourt en Gaule dès l'hiver 52-51, prenant de court l'ensemble de ses ennemis. Les Bituriges sont défaits en une poignée de semaines.

Ce sont ensuite les Carnutes, qui avaient massacré la population de Cénabum quelques mois plus tôt, qui se soulèvent. Le général romain, qui s'était retiré dans l'oppidum de Bibracte, reprend le chemin des combats au début de l'année 51 av. J.-C. et s'empare de Cénabum. Ses deux légions imposent leur autorité dans la région ; les Carnutes sont rapidement mis au pas.

L'année 51 marque la fin des menaces sérieuses pour Jules César. Les Bellovaques tentent de fédérer une nouvelle union contre Rome. Avec trois légions, le général romain soumet leur chef Correus. Après la réduction d'un soulèvement picton, puis la prise d'Uxellodunum (oppidum de Gaule) au prix d'un ultime siège, Jules César peut célébrer la fin de la guerre des Gaules. Excepté quelques révoltes épisodiques, la région est maintenant pacifiée et peut être investie par l'envahisseur.

LA GLOIRE DE JULES CÉSAR

Bien sûr, la bataille d'Alésia et l'issue de la guerre des Gaules servent avant tout la gloire personnelle de Jules César. C'est d'ailleurs ce qu'il est venu chercher dès 58 av. J.-C. lorsqu'il envahit le Nord pour contrer l'avancée des Helvètes. Par cette victoire, il égale en prestige les grands conquérants romains qui élargissent le territoire de l'empire depuis plusieurs siècles. La publication de ses *Commentaires sur la guerre des Gaules* sert directement sa propagande et dès l'Antiquité, le livre connaît un franc succès.

Mais quand Plutarque (écrivain grec, 50-125 apr. J.-C.) célèbre le génie militaire de Jules César, il l'associe directement à la guerre civile qui débute à Rome dès l'année 49. En 51, le général annonce la construction d'un nouveau forum à Rome, dont le coût sera prélevé sur le butin de la conquête. Petit à petit, Jules César s'assure un soutien populaire franc et massif, qu'il met à profit dès qu'il en a l'occasion. Pendant l'année 49 av. J.-C., c'est grâce à ses victoires sur la Gaule qu'il possède l'assise nécessaire au coup de force sur Rome : il franchit le Rubicon, chasse Pompée en Orient et s'empare de la ville. Devenu maître de l'Occident, il se fait élire dictateur et déclare la guerre à ses opposants.

Au-delà de la guerre civile, c'est l'établissement d'un pouvoir impérial qu'annoncent les victoires de Jules César. En accumulant des richesses jusque-là inégalées et en gagnant le peuple à sa cause, le vainqueur des Gaules supplante peu à peu le Sénat en pouvoir et en légitimité. Les accords secrets du triumvirat d'une part, l'élection au poste de dictateur de l'autre amenuisent considérablement les prérogatives sénatoriales. Ses successeurs, parmi lesquels Marc Antoine (83-30 av. J.-C.) et Octavien, ne s'y trompent pas en établissant eux aussi un pouvoir de type monarchique. La proclamation du principat et l'inauguration de l'Empire, en 27 av. J.-C., achèvent donc un processus entamé par Jules César en Gaule.

LA PROVINCIALISATION DES GAULES

La conquête des Gaules donne une nouvelle dimension au territoire romain. Jusqu'en 51 av. J.-C., l'Empire romain était avant tout méditerranéen : il s'étendait jusqu'en Orient, mais l'intérieur des continents était resté indépendant. Avec Jules César, Rome s'étend désormais au nord jusqu'en Belgique actuelle. De là, d'autres conquêtes deviennent possibles : l'invasion de la Britannia et des terres germaniques est lancée au Ier siècle de notre ère grâce aux avancées de Jules César.

Dès la fin de la guerre des Gaules, les échanges se multiplient entre la Gaule chevelue et Rome. Les ports de commerce accueillent de plus en plus de marchands romains et sont désormais munis d'infrastructures romaines : les aqueducs, les nouvelles fondations et les routes pavées se multiplient jusqu'en Gaule Belgique. Peu à peu, les Gaules se « romanisent » et, en s'appropriant une partie des us et coutumes des envahisseurs, se développent économiquement et démographiquement. La civilisation gallo-romaine est née.

L'intégration des Gaules au territoire romain est officiellement achevée en 27 av. J.-C., lorsqu'Octavien devient Auguste et instaure le principat. À côté de la Gaule transalpine et cisalpine (alors renommée Gaule narbonnaise) sont créées trois nouvelles provinces : la Gaule lyonnaise, la Gaule aquitaine et la Gaule Belgique. Les aristocraties locales acquièrent la citoyenneté romaine et se comportent, par mimétisme social, comme des Romains. Ils fournissent même des empereurs à Rome : en 48 apr. J.-C., Claude (10 av. J.-C.-54 apr. J.-C.), un Romain né à Lyon, autorise les Gaulois à siéger au Sénat. L'assimilation est parfaitement achevée.

EN RÉSUMÉ

Début de la conquête de la Gaule par Jules César	**58 av. J.-C.**
Vercingétorix fédère les tribus gauloises	**Début 52 av. J.-C.**
Défaite de Jules César à Gergovie	**Avril 52 av. J.-C.**
Siège d'Alésia	**Été 52 av. J.-C.**
Reddition de Vercingétorix	**Sept. 52 av. J.-C.**
Triomphe de César à Rome	**46 av. J.-C.**

- En 59 av. J.-C., Jules César devient proconsul des Gaules et de l'Illyrie pour cinq ans.
- En 58, il entre en Gaule pour repousser les Helvètes et soumet le Germain Arioviste : la guerre des Gaules vient tout juste de débuter.
- De 58 à 56, Vercingétorix sert comme cavalier dans l'armée de Jules César.
- En Belgique, Jules César bat les Nerviens et les Suessions en 57.
- Trois ans plus tard, il bat les Trévires en Bretagne.

- Le 23 janvier 52 av. J.-C., les Carnutes massacrent les Romains de Cénabum. La même année, Vercingétorix fédère les tribus gauloises.

- En février 52, Jules César rejoint ses légions chez les Éduens.

- En juin de la même année, Jules César est contraint de se retirer devant Gergovie. Vercingétorix sort victorieux de la bataille.

- En septembre 52, les troupes de Vercingétorix sont battues par Jules César au cours de la bataille d'Alésia. Le chef arverne n'a d'autre choix que de déposer les armes devant le général romain.

- Durant l'année 52-51, Jules César entreprend la rédaction des *Commentaires sur la guerre des Gaules*, alors que les derniers soulèvements se produisent dans le Nord et l'Ouest des Gaules.

- En 46, il célèbre son triomphe à Rome, où Vercingétorix défile comme prisonnier. Le chef arverne est exécuté peu après.

- Le 15 mars 44 av. J.-C, Jules César est assassiné en plein Sénat durant les ides de Mars.

POUR ALLER PLUS LOIN

SOURCES BIBLIOGRAPHIQUES

- BERGER (Jacques), *Alésia Chaux-des-Crotenay. Pourquoi ?*, Montigny-le-Bretonneux, Yvelinédition, 2004.
- BERTHIER (André), WARTELLE (André), *Alésia*, Paris, Nouvelles Éditions Latines, 1990.
- BONAPARTE (Louis-Napoléon), *Précis des guerres de Jules César*, Paris, Imprimerie royale, 1836.
- CÉSAR (Jules), *La Guerre des Gaules*, Paris, Les Belles Lettres, 1926.
- DEYBER (Alain), *Les Gaulois en guerre. Stratégies, tactiques et techniques*, Paris, Errance, coll. « Hespérides », 2009.
- DIODORE DE SICILE, *Bibliothèque historique*, livres I, IV, V, Paris, Les Belles Lettres, 1997.
- DION CASSIUS, *Histoire romaine*, Paris, Les Belles Lettres, 2010.
- GOGUEY (René), « Alésia : les travaux de César sur la montagne de Bussy d'après les dernières révélations de la photographie aérienne », in *CRAI*, 1991, 135, p. 43-51.
- GOUDINEAU (Christian), *César et la Gaule*, Paris, Errance, 1990.
- GOUDINEAU (Christian), *Le dossier Vercingétorix*, Paris, Actes Sud/Errance, 2001.
- LE GALL (Joël), *Les fouilles d'Alise-Sainte-Reine. 1861-1865*, Paris, Institut de France, 1989.
- LEWUILLON (Serge), *Vercingétorix ou le mirage d'Alésia*, Paris, Complexe, 1999.
- MARTIN (Paul-Marius), *Vercingétorix : le politique, le stratège*, Paris, Perrin, 2000.
- PLUTARQUE, *Vies parallèles*, livre IX, Paris, Les Belles Lettres, 1975.
- PORTE (Danielle), *Alésia, citadelle jurassienne*, Yens-sur-Morges, Cabédita, 2000.

- PORTE (Danielle), *L'imposture Alésia*, Paris, Éditions Carnot, 2004.
- POTIER (René), *Le génie militaire de Vercingétorix et le mythe Alise Alésia*, Clermont-Ferrand, Éditions Volcans, 1973.
- REDDÉ (Michel), *Alésia. L'archéologie face à l'imaginaire*, Paris, Errance, coll. « Hauts lieux de l'histoire », 2003.
- REDDÉ (Michel), *L'armée romaine en Gaule*, Paris, Errance, 1996.
- ROMAN (Danielle), ROMAN (Yves), *La Gaule et les mythes historiques. De Pythéas à Vercingétorix*, Paris, L'Harmattan, coll. « Histoire ancienne et Anthropologie », 2000.
- SUÉTONE, *Vie des douze Césars*, livre I, Paris, Les Belles Lettres, 1931.
- VOISIN (Jean-Louis), *Alésia. Un village, une bataille, un site*, Bourgogne, Éditions de Bourgogne, coll. « Patrimoine », 2012.

FILM ET DOCUMENTAIRES

- *Les Géants de Rome (I giganti di Roma)*, film d'Antonio Margheriti, avec Richard Harrison, Wandisa Guida et Ettore Manni, Italie, 1964.
- *Alésia retrouvée*, documentaire de Jean-Pierre Picot, France, 1989.
- *Alésia, le procès*, documentaire de Jean-Pierre Picot, France, 1999.
- *La Dernière Bataille d'Alésia*, documentaire de Jean-Pierre Picot, France, 2008.
- *Alésia, la bataille continue*, documentaire de Benoît Bertrand-Cadi, France, 2008.

ICONOGRAPHIE

- *Vercingétorix jette ses armes aux pieds de Jules César*, tableau de Lionel Royer (peintre français, 1852-1926), 1899, conservé au musée Crozatier (France).
- *Vercingétorix devant César*, tableau de Diogène Ulysse Napoléon Maillart (peintre français, 1840-1926), XXe siècle, conservé au MuséoParc Alésia (France).

MUSÉE ET BÂTIMENT COMMÉMORATIF

- La statue équestre de Vercingétorix, érigée à Clermont-Ferrand en souvenir de la révolte du chef arverne (France).
- Le MuséoParc Alésia (France).

www.50minutes.com

Éditeur responsable : Lemaitre Publishing
Rue Lemaitre 6 | BE-5000 Namur
info@lemaitre-editions.com

ISBN ebook : 978-2-8062-5428-3
ISBN papier : 978-2-8062-5608-9
Dépôt légal : D/2014/12603/12
Photo de couverture : © Lionel Royer

Conception numérique : Primento